BOUSSOLE
CYCLE 3

Viviane Koenig

ULYSSE ET LE CYCLOPE

Notes et dossier pédagogique
d'Isabelle Antonini
Maître-formatrice et directrice d'école d'application

Illustrations d'Ewen Blain

Belin:
ÉDUCATION

Sommaire

ULYSSE ET LE CYCLOPE

de Viviane Koenig

Mon dossier de lecture

Le coin des curieux

Le bateau de l'Odyssée, lithographie de François-Louis Schmied, 1930-1933.

AVANT DE COMMENCER LA LECTURE

Homère, un poète de la Grèce antique, a raconté l'histoire d'Ulysse. Ce roi légendaire a permis aux Grecs de remporter la guerre de Troie. Mais alors qu'Ulysse ne rêve que de regagner son île et de retrouver son épouse et son fils, les dieux le confrontent à une série d'épreuves. Elles commencent avec la rencontre du terrible cyclope Polyphème et amèneront Ulysse à traverser des aventures pleines de danger et à parcourir les mers.

Découvrons ensemble *Ulysse et le cyclope* dans l'adaptation de Viviane Koenig et laissons-nous porter par les péripéties d'Ulysse, le plus rusé des héros.

ULYSSE
ET LE CYCLOPE

Chapitre 1

Des îles inconnues

Ulysse est un drôle de roi. Un roi courageux et fier. Il est aussi très rusé. Grâce à lui, les Grecs ont gagné la guerre contre la ville de Troie. Une belle victoire !

Maintenant, il se dépêche. Après dix ans de combats, il est temps pour lui et ses hommes de retourner sur leur île d'Ithaque [1]. Les mâts des navires sont dressés, les voiles gonflées par le vent. Les rames frappent la mer en cadence [2].

Un soir, Ulysse et ses compagnons arrivent sur une île du pays des cyclopes [3]. Ils amarrent [4] leurs navires et descendent sur le rivage [5].

1. **Ithaque** : île grecque dont Ulysse est le roi. Voir carte, p. 54-55.
2. **En cadence** : en rythme.
3. **Cyclopes** : dans la mythologie grecque, géants qui n'ont qu'un seul œil au milieu du front.
4. **Amarrent** : attachent à l'aide de cordes.
5. **Rivage** : terre située en bord de mer.

Comme il leur faut se nourrir, ils explorent les lieux. Ils chassent le gibier sauvage [1]. Ils cherchent aussi de l'eau douce. Ils découvrent des forêts de pins et de chênes. Ils admirent des chèvres montagnardes sautillant dans des prairies minuscules.

Mais ils ont beau fureter [2], ils ne voient ni paysans ni champs ni villages.

Tout à coup, Ulysse se retourne. Il aperçoit de la fumée sur une île voisine. Il entend les bêlements [3] de brebis et de chèvres.

Il s'étonne.

Il grimpe sur un rocher. Il tend l'oreille et perçoit, au loin, des voix humaines.

« Vous, restez ici ! ordonne-t-il au gros de ses guerriers [4]. Et vous autres, suivez-moi sur mon navire. Je veux saluer les habitants de ce pays-là. Je veux savoir s'ils sont sauvages ou, au contraire, agréables à vivre. Je ne serai pas long. »

1. **Gibier sauvage** : animaux sauvages.
2. **Fureter** : chercher.
3. **Bêlements** : cris des chèvres et des brebis.
4. **Au gros de ses guerriers** : à un grand nombre de ses guerriers.

Chapitre 2

Dans la caverne

Son navire à peine arrivé sur cette île inconnue, Ulysse saute à terre avec une vingtaine d'hommes. Curieusement, personne n'est là pour les accueillir.

« Où sont donc ceux que j'ai entendus parler ? » se demande le roi.

Il regarde alentour [1]. Le calme règne.

« Ils vivent peut-être dans cette belle caverne [2] que j'aperçois là-bas, au bout de l'île ? Allons-y ! Je veux en avoir le cœur net [3]. »

Il choisit douze de ses soldats, les plus braves [4], pour l'accompagner.

1. **Alentour** : tout autour de lui.
2. **Caverne** : grotte.
3. **En avoir le cœur net** : en être sûr et certain.
4. **Braves** : courageux.

Il ordonne aux autres de rester sur le bateau. Et il part, emportant un gros sac de vivres [1] et une outre [2] en peau de chèvre pleine de vin doux.

Il compte en offrir aux habitants de l'île qui se cachent si bien.

Ulysse et sa petite troupe s'élancent sur le sentier menant à la caverne. Ils marchent vite. Ils n'ont pas peur. Pourtant, ils ont tous entendu parler des cyclopes ! Des géants à un seul œil au milieu du front. Des monstres sauvages et cruels, sans justice et sans lois. Des mangeurs de chair humaine, des coléreux, des orgueilleux [3], des...

Les voici arrivés. Des brebis et des chèvres se reposent à l'entrée de la caverne. Mais sinon, il n'y a personne. Pas de bergers en vue ! Certain qu'ils ne peuvent être loin, Ulysse les appelle.

« Ohé, habitants de la caverne ! »

Aucune réponse.

1. **Vivres** : nourriture.
2. **Outre** : gourde fabriquée avec une peau de bête.
3. **Orgueilleux** : hommes très fiers.

« Allons voir par nous-mêmes ce qui se passe là-dedans, décide-t-il.

– Non ! s'affolent ses compagnons. La politesse et la prudence nous conseillent de rester ici. Asseyons-nous à l'ombre de ces lauriers[1] fleuris et attendons. »

Ulysse entre quand même.

« Suivez-moi ! » leur ordonne-t-il.

Sitôt le seuil franchi[2], il admire les fromages bien rangés. Il caresse les agneaux et les chevreaux dans leurs enclos[3]. Il examine les vases remplis de lait crémeux.

« Prenons quelques fromages, quelques bêtes et retournons au navire, le supplient ses compagnons. Il est mal d'entrer sans y être invité, surtout au pays des cyclopes.

– Pas question, décide Ulysse. Silence, mes amis. Attendons le maître des lieux et goûtons ses fromages. »

1. **Lauriers** : arbustes qui poussent sur les côtes de la mer Méditerranée.
2. **Sitôt le seuil franchi** : dès qu'ils sont entrés.
3. **Enclos** : espaces dans lesquels les bêtes sont enfermées.

Chapitre 3

Le cyclope

Le maître des lieux revient enfin des pâturages[1] avec ses bêtes. C'est Polyphème, le plus farouche[2] de tous les cyclopes. Le plus grand aussi. Il entre dans sa caverne, poussant devant lui son troupeau.

À sa vue, les Grecs épouvantés se cachent au fond de la grotte. Ils voient le géant installer ses bêtes dans leurs enclos et jeter au sol des branches de bois sec pour son feu. Puis ils le voient soulever une énorme pierre et la mettre devant l'entrée.

Les malheureux ! Jamais, ils ne pourront la déplacer. Même avec l'aide d'une vingtaine de

1. **Pâturages** : terres couvertes d'herbe où se nourrissent les bêtes.
2. **Farouche** : sauvage.

chars tirés par leurs meilleurs chevaux, cette pierre est si grosse et si lourde qu'elle ne bougerait pas d'un pouce[1]. Ulysse et ses compagnons sont enfermés avec le monstre.

Ils sont ses prisonniers !

Pour l'instant, Polyphème ne les a pas remarqués. Assis sur un tabouret, il trait[2] ses brebis et ses chèvres. Après avoir versé le lait frais dans des vases, il ranime[3] le feu et, soudain, il les voit.

« D'où venez-vous, Étrangers ? gronde-t-il. Que faites-vous là et qui êtes-vous, des voyageurs ou des pirates ?

– Nous sommes des Grecs revenant de guerre, répond Ulysse.

– Des Grecs, tiens donc !

– Ô cyclope, nous te supplions à genoux de bien nous recevoir comme le veulent nos dieux. »

Le géant fronce son œil unique, plus sombre que la nuit la plus noire.

---

1. **Pas d'un pouce** : pas même de quelques centimètres.
2. **Trait** : tire le lait des mamelles des animaux.
3. **Ranime** : réveille.

« Oui, n'oublie pas de respecter nos dieux et de leur obéir, poursuit le roi avec courage. Surtout Zeus [1], le plus puissant de tous. »

Polyphème s'agite furieusement. Il brasse [2] l'air de ses bras immenses. Il déteste recevoir des conseils et encore moins des ordres.

« Je ne crains pas Zeus, tonne [3] le monstre. Mes frères cyclopes et moi, nous sommes plus forts que lui ! »

Et il éclate d'un rire mauvais. Il a d'autant moins peur que les cyclopes sont fils de Poséidon, le tout-puissant dieu de la Mer. Son calme retrouvé, il questionne le petit homme. Il veut savoir où est ancré [4] son bateau pour y voler ce qu'il lui plaira.

Car Polyphème, qui vit à l'écart de tous, aime faire le mal.

« Poséidon l'a brisé sur des rochers, ment Ulysse le rusé. Nous avons échappé de peu à la mort, mes compagnons et moi. »

1. **Zeus** : dieu du Ciel et roi des dieux dans la mythologie grecque. Voir aussi p. 58.
2. **Brasse** : remue.
3. **Tonne** : gronde.
4. **Ancré** : fixé à l'aide d'une ancre.

Alors le cyclope se laisse aller à la colère. Il saisit deux hommes au hasard. Il les écrase contre terre comme de jeunes chiots, et les dévore tout entiers.

Puis il avale une coupe de lait et s'endort, satisfait.

Fou de rage, Ulysse se précipite vers lui, l'épée à la main. Il veut le massacrer, là, maintenant, sur-le-champ [1]… Brusquement, il s'arrête.

« Si je le tue, qui roulera la pierre devant la porte pour nous rendre la liberté ? » murmure-t-il.

La réponse est claire : seul le monstre peut le faire.

1. **Sur-le-champ** : immédiatement.

Chapitre 4
Personne

Que la nuit semble longue aux prisonniers ! Aux premiers rayons du soleil, le cyclope se réveille. Il est de bonne humeur.

Il allume le feu, s'occupe de ses bêtes, puis, comme il a faim, il croque à nouveau deux hommes.

Ceci fait, il écarte sans peine la lourde pierre de devant la porte, il pousse son troupeau dehors. Hélas, il n'oublie pas de remettre le rocher en place, avant de s'éloigner avec beaucoup de bruit.

Dans la caverne, Ulysse prie les dieux. Il espère leur aide. Il cherche comment fuir. Il cherche encore, car il ne manque jamais ni de courage ni d'astuce[1]. C'est alors qu'il remarque sur le sol

1. **Astuce** : ruse.

l'énorme massue[1] du cyclope, de la taille d'un mât de bateau. Il en coupe un morceau long comme le bras.

« Compagnons, venez m'aider et vite ! crie-t-il. Taillons cette massue, transformons-la en épieu pointu[2], puis passons-la au feu pour la durcir. »

Ulysse leur explique ensuite son plan.

Le soir venu, Polyphème rentre à la caverne avec ses bêtes. Comme la veille, il les installe dans leurs enclos, après avoir replacé le gros rocher devant l'entrée. Puis il trait ses brebis et ses chèvres. Il verse le lait frais dans des vases. Il met les petits agneaux sous leurs mères, il ranime le feu et s'assied.

Tout à coup, il attrape d'une seule main deux de ses prisonniers et les dévore aussitôt. Il est heureux !

Tenant dans ses mains une coupe de vin doux tiré de son outre, Ulysse s'approche de lui.

« Cyclope, lui dit-il, prends et bois ce vin. »

1. **Massue** : gros bâton qui sert d'arme.
2. **Épieu pointu** : long bâton pointu.

Polyphème apprécie ce geste, mais, méfiant, il trempe à peine ses lèvres dans ce breuvage [1] inconnu. Puis, comme il le trouve bon, il l'avale avec joie jusqu'à la dernière goutte.

« Étranger, donne-m'en un peu plus, réclame-t-il. Et dis-moi ton nom, afin que je te fasse un cadeau qui te réjouisse [2].

– Je m'appelle Personne, répond Ulysse le rusé. Mon père, ma mère et tous mes compagnons me nomment ainsi.

– Eh bien, Personne ! Je vais te faire à mon tour un cadeau. Un beau cadeau ! Pour te remercier de ta gentillesse, je te mangerai en dernier ! »

Ceci dit, après un grand éclat de rire et une dernière coupe de vin, Polyphème tombe à la renverse [3], endormi.

1. **Breuvage** : boisson.
2. **Qui te réjouisse** : qui te plaise.
3. **À la renverse** : en arrière.

Chapitre 5

Les frères cyclopes

Sans perdre un instant, le roi chauffe sur le feu la massue taillée en pointe. Il redonne confiance à ses compagnons épouvantés[1]. Il leur faut passer à l'attaque ou mourir dans le ventre du monstre.

Complètement ivre[2], Polyphème ne les voit pas. Il ne les entend pas. Il dort toujours. Alors Ulysse et quatre de ses hommes, les plus forts, soulèvent l'épieu énorme et brûlant. Ils rassemblent leur courage. Ils courent, ils grimpent sur le monstre endormi et enfoncent leur arme dans son œil. Ulysse appuie dessus de toutes ses forces. Il appuie et il tourne, tourne encore pour agrandir la plaie[3].

1. **Épouvantés** : effrayés.
2. **Ivre** : qui a bu trop de vin.
3. **Plaie** : blessure.

Puis, rapide comme l'éclair, il s'éloigne avec ses amis et se réfugie au fond de la caverne.

Polyphème rugit. Il hurle sa douleur. Du sang coule de sa blessure. La chaleur du bois brûle ses paupières et son unique sourcil. Il se lève en un terrible vacarme. Comme il est grand ! Quatre à cinq fois plus grand que ses assaillants[1] ! Il arrache avec rage l'épieu de son œil. Et, d'une voix de tonnerre, il appelle ses frères cyclopes qui habitent les cavernes toutes proches.

« Pourquoi cries-tu ? lui demandent ses frères une fois arrivés devant le rocher qui ferme sa grotte.

– Souffres-tu ? Es-tu malade ?

– Non.

– On veut te tuer ? Par la force ou par la ruse ?

– Par la ruse !

– Qui ose te faire mal ? On va le punir.

– C'est... c'est Personne !

– Personne ? Pauvre fou ! Si tu es seul dans ta caverne et que tu as des ennuis, ces ennuis viennent

1. **Assaillants** : attaquants.

de Zeus. Tu sais bien qu'il est impossible d'échapper à sa colère. Alors, débrouille-toi, Polyphème ! Réfléchis si tu en es capable ou demande à notre père à tous, Poséidon, de t'aider. En tout cas, laisse-nous dormir. Adieu ! »

Les entendant, Ulysse sourit, sa ruse a marché. Son faux nom les a tous trompés. Reste maintenant à trouver le moyen de sortir de cette caverne.

« Je t'aurai, petit homme ! menace le cyclope, plein de douleurs. Je vous aurai tous, je vous mangerai jusqu'au dernier, Grecs de malheur ! Personne, où te caches-tu ? »

Le géant le cherche du bout des doigts. Il agite les bras. Il bouscule tout sur son passage.

Il heurte[1] son tabouret. Il renverse des fromages et des vases de lait. Il tâtonne[2]. Il titube[3]. Il souffre, gémit et affole ses bêtes.

1. **Heurte** : se cogne contre.
2. **Tâtonne** : se déplace en touchant de la main les objets et les obstacles sur son passage.
3. **Titube** : ne marche pas droit.

Chapitre 6

Les béliers

« Je me vengerai, je me vengerai ! » répète Polyphème, perdu dans cette grotte qu'il ne voit plus.

Bras tendus, il se repère peu à peu. Il frôle l'enclos [1] de ses béliers. Il hésite, change de direction, avance de quelques pas. Il retrouve enfin la sortie et enlève le rocher de devant l'entrée. L'air frais de la nuit apaise [2] sa douleur. Il soupire, il gémit, il se plaint, puis, accablé [3], il s'assied sur le seuil pour bloquer le passage de ses jambes gigantesques.

Il veut punir ces Grecs, les massacrer jusqu'au dernier, les dévorer ! Il ne pense qu'à ça. Pour cela,

1. **Frôle l'enclos** : passe très près de l'enclos mais sans le toucher.
2. **Apaise** : calme.
3. **Accablé** : découragé.

il doit les attraper car, à coup sûr, ils vont tenter de sortir.

Il a raison. Ulysse cherche comment fuir et il trouve, car le roi aux mille ruses ne manque jamais d'idées.

Il fait signe à ses compagnons de le suivre, en silence. Le cyclope ne peut les voir, mais il peut les entendre. La prudence s'impose[1].

Ulysse s'approche des béliers, de belles bêtes à la laine épaisse. Il les caresse pour les calmer. Puis il les attache trois par trois avec des brins d'osier[2] trouvés sur le sol. Il ficelle ensuite un de ses hommes sous le ventre de l'animal du milieu, si bien que les béliers placés à droite et à gauche le cachent complètement. Mais est-ce suffisant ? Ulysse espère que les doigts fureteurs[3] du cyclope ne les trouveront pas.

Il accroche ainsi tous ses compagnons.

1. **La prudence s'impose** : il faut être prudent.
2. **Brins d'osier** : branches très souples d'arbres ou d'arbustes.
3. **Fureteurs** : qui cherchent partout.

Enfin, pour se sauver lui-même, il se glisse sous le plus grand des béliers. Il saisit à pleines mains son épaisse toison [1] et il reste ainsi suspendu [2].

Il leur faut maintenant attendre tranquillement le départ du troupeau pour les pâturages.

Au petit matin, les bêtes s'agitent et bêlent avec énergie. Elles veulent sortir. Polyphème comprend alors qu'un nouveau jour se lève. D'ailleurs, il sent la douceur des premiers rayons du soleil sur sa peau. Un soleil qu'il ne verra jamais plus. Quelle tristesse d'être aveugle !

Il pousse son troupeau hors de la caverne, tâtant au passage le dos de ses bêtes pour être certain que ses prisonniers n'en profitent pas pour s'échapper.

Mais il ne remarque pas les Grecs si bien cachés. Il s'étonne cependant que le plus grand de ses béliers sorte en dernier.

« Paresseux, pourquoi traînes-tu ce matin ? le gronde-t-il. D'habitude, tu sors le premier…

1. **Toison** : poils d'un animal.
2. **Suspendu** : accroché au-dessus du sol.

Ah ! Je comprends, toi aussi, tu es en colère contre ce petit homme. C'est ça ? Sois tranquille, Personne sera puni. Il va mourir, crois-moi, lui et tous ses compagnons. »

Ulysse frémit[1] en l'entendant. Il agrippe mieux encore[2] l'épaisse toison. Il retient son souffle. Après une ultime[3] caresse, Polyphème laisse passer son bélier et son pire ennemi.

1. **Frémit** : tremble.
2. **Agrippe mieux encore** : tient plus fermement.
3. **Ultime** : dernière.

Chapitre 7

Une pluie de rochers

Arrivé loin de la caverne, Ulysse lâche son bélier, puis il s'empresse de détacher ses hommes.

Tous ensemble, ils marchent, ils courent, ils poussent vers le port le troupeau du cyclope.

Quel bonheur de retrouver leur navire et leurs chers compagnons !

« Dépêchez-vous, ordonne le roi. Montez ces bêtes à bord et partons ! Nous pleurerons nos morts plus tard ! »

Le bateau s'éloigne du rivage.

Mais Ulysse décide soudain de défier [1] le monstre pour lui montrer comme il a mal agi.

1. Défier : provoquer.

« Cruel cyclope, tu as mangé les compagnons d'un homme de courage ! crie-t-il debout, droit et fier. Non seulement tu n'as pas respecté les lois de l'hospitalité[1], mais tu as dévoré tes invités ! Alors Zeus et les autres dieux t'ont puni en te privant de la vue. »

Polyphème l'entend.

Il enrage[2].

Il arrache la cime[3] d'une haute montagne et la lance en direction de la voix. L'énorme rocher manque[4] de peu sa cible.

Mais il soulève des vagues immenses qui inondent le pont. Les marins se cramponnent[5] à leurs rames. Le navire d'Ulysse tangue[6] dangereusement, au risque de couler. Par chance, ou grâce aux dieux, il se redresse. Ulysse sent bouillonner en lui la colère.

1. **Lois de l'hospitalité** : coutume qui veut qu'on accueille avec générosité un visiteur dans sa maison.
2. **Enrage** : devient fou de rage.
3. **Cime** : sommet.
4. **Manque** : rate.
5. **Se cramponnent** : s'accrochent.
6. **Tangue** : se balance.

Il veut provoquer à nouveau le géant. Ses hommes tentent de le retenir. Ils craignent qu'un autre rocher ne les tue. Mais pour la seconde fois, le roi n'écoute pas leurs sages conseils.

« Cyclope ! crie-t-il bien fort d'une voix moqueuse. Si quelqu'un te demande qui blessa ton œil, dis-lui que c'est Ulysse, roi d'Ithaque ! »

Debout sur le rivage, Polyphème l'entend. Ainsi, il s'est laissé tromper par ce Personne qui n'existe pas, un roi de rien du tout, petit et sans vrai courage, un homme qui l'a dompté [1] avec du vin ! Misère. Il lève les mains vers le ciel et s'écrie :

« Ô puissant Poséidon [2], dieu de la Mer aux cheveux bleus, écoute la prière de ton fils. Qu'Ulysse ne retourne jamais en son pays ! Ou, si son destin est de revoir sa famille, ses amis et son riche palais, alors qu'il y revienne dans très, très longtemps. Et seul, après avoir perdu tous ses compagnons. Tous, comprends-tu ? »

1. **Dompté** : vaincu.
2. **Poséidon** : dieu de la Mer dans la mythologie grecque. Voir aussi p. 58.

Sûr que son père Poséidon le vengera, le cyclope soulève un rocher, lourd et gros comme une maison. Il le fait tournoyer au-dessus de sa tête et le jette avec force en direction du bateau des Grecs. Cette fois encore, il manque de peu son but.

Mais de nouveau, les eaux se gonflent, se soulèvent, bousculent le navire et l'éloignent du rivage.

Puis tout se calme. Pas un nuage dans le ciel, pas de vents mauvais, plus de méchantes vagues.

Ulysse regarde s'éloigner le pays des cyclopes avec soulagement. Sauvé. Mais est-il vraiment sauvé ? Il ignore que le divin Poséidon cherche déjà comment le punir. Sa vengeance sera terrible.

Chapitre 8

Le maître des Vents

Peu avant la nuit, le navire rejoint l'île où le reste de l'armée attend. Sitôt arrivé, Ulysse ordonne à ses compagnons de tirer le bateau sur le sable du rivage.

Après la joie des retrouvailles, Ulysse fait le récit de leurs incroyables aventures au pays des cyclopes.

Puis les hommes se partagent les troupeaux volés à Polyphème. Une part égale pour chacun. Mais le plus beau des béliers, celui dont Ulysse tenait si fort la toison et qui permit sa fuite, lui revient. Pourtant le roi ne garde pas pour lui cette bête magnifique. Il l'offre en sacrifice[1] au grand Zeus avec ses prières. Il espère ainsi que le dieu apaisera

1. **Sacrifice** : cadeau que l'on fait à un dieu, généralement en tuant un animal.

la colère de Poséidon, si colère il y a. Tout le reste du jour, Ulysse et les siens se reposent, mangent et boivent leur vin doux.

Ils ont le cœur triste d'avoir perdu certains de leurs compagnons et, en même temps, joyeux d'avoir échappé à la mort.

À l'aube du lendemain, Ulysse commande à ses soldats d'embarquer[1].

« En route pour Ithaque ! » leur crie-t-il.

Pressés de rentrer chez eux, les hommes regagnent leur poste. Les rameurs empoignent leurs avirons[2] de bois. Ils frappent la mer en cadence. Comme ils ont hâte[3] de s'éloigner du redoutable Polyphème !

Les navires d'Ulysse parviennent ainsi à Éolia. Cette île flottante, rocheuse, est entourée d'une très haute muraille de bronze[4], qui la rend reconnaissable entre toutes. C'est la demeure d'Éole, le maître des Vents.

1. **Embarquer** : monter à bord d'un bateau.
2. **Empoignent leurs avirons** : saisissent à pleines mains leurs rames.
3. **Ont hâte** : sont pressés.
4. **Bronze** : métal.

Éole règne sur les blizzards, les tourbillons, les cyclones, les ouragans et les brises[1] légères. Il ne leur permet de se déchaîner que sur ordre de Zeus. Le reste du temps, il les garde prisonniers dans une caverne.

Dès son arrivée, Ulysse est conduit au palais d'Éole. Le dieu y vit somptueusement[2], entouré de sa femme et de ses douze enfants, six garçons et six filles.

Il reçoit le roi d'Ithaque, ainsi que ses compagnons, en toute amitié. Fidèle aux lois de l'hospitalité, il leur offre de partager son repas, leur fait dresser des lits afin qu'ils se reposent des fatigues du voyage et leur propose de rester quelque temps.

Les jours passent. Les banquets[3] succèdent aux banquets. Mets[4] délicieux, douceurs innombrables[5], vins exquis[6], musique, conversations charmantes…

1. **Blizzards, cyclones, ouragans, brises** : noms de différents vents.
2. **Somptueusement** : dans une grande richesse.
3. **Banquets** : repas de fête.
4. **Mets** : plats.
5. **Innombrables** : qu'on ne peut pas compter, très nombreuses.
6. **Exquis** : excellents.

Éole veut tout savoir des exploits[1] des soldats grecs pendant la guerre de Troie[2]. Le roi Ulysse lui répond volontiers. Il n'oublie aucun détail.

Que la vie est douce sur l'île d'Éolia ! Ulysse et ses hommes vivent ainsi un mois durant. Enfin, un soir, Ulysse ouvre son cœur au maître des Vents.

« Mon plus cher désir, lui confie-t-il, est de rentrer chez moi. Je souhaite retrouver ma femme Pénélope et mon fils Télémaque qui doit être grand maintenant.

– Comme je te comprends ! le rassure Éole. Aussi, je ne te retiendrai pas. Permets-moi juste de t'offrir un cadeau avant ton départ. »

Et quel cadeau !

Le lendemain, les bateaux grecs sont prêts, les vivres chargés, les hommes à leur poste.

Une outre en peau de bœuf à la main, Éole prend Ulysse à part et murmure à son oreille :

1. Exploits : actions extraordinaires.
2. La guerre de Troie est un conflit légendaire de la mythologie grecque qui aurait opposé les Grecs et les Troyens (habitants de la côte nord-ouest de la Turquie actuelle) pendant dix ans. Voir carte, p. 54-55.

«Noble roi d'Ithaque, accepte ce présent[1]. Grâce à lui, tu rentreras plus vite en ton palais.

– Comment est-ce possible ?

– Garde ce secret pour toi ! J'ai emprisonné les vents violents et les tempêtes dans cette outre.

– Tous les vents ? s'inquiète le roi, qui imagine déjà les voiles inutiles et la fatigue de ses rameurs.

– Tous les vents sauf un, celui qui te ramènera directement à Ithaque. Tu sais que j'excite ou apaise les vents selon ma fantaisie[2], n'est-ce pas ?»

Ulysse acquiesce de la tête[3]. Il saisit l'outre bien fermée par un épais fil d'argent afin qu'aucune brise ne puisse s'en échapper. Puis, après les derniers remerciements et les dernières preuves d'amitié[4], il embarque à son tour.

1. **Présent** : ici, cadeau.
2. **Fantaisie** : envie.
3. **Acquiesce de la tête** : fait signe de la tête qu'il est d'accord.
4. **Preuves d'amitié** : cadeaux.

Chapitre 9
L'outre en peau de bœuf

Le divin[1] Éole regarde les navires s'éloigner. Lorsqu'ils atteignent la haute mer, il envoie le vent Zéphyr, qui, à ses ordres, gonfle leurs voiles et les pousse en direction d'Ithaque.

Pendant ce temps, Ulysse attache l'outre des vents au creux de son navire. Puis il ordonne à tous ses compagnons de n'y toucher sous aucun prétexte[2] !

« D'accord, Ulysse ! » répondent-ils en chœur[3].

Pourtant, certains brûlent de curiosité[4]. Ils se demandent ce que peut contenir le cadeau d'Éole : de l'or, de l'argent, des pierres précieuses ou du vin ?

1. **Divin** : dieu.
2. **Sous aucun prétexte** : en aucun cas.
3. **En chœur** : tous ensemble.
4. **Brûlent de curiosité** : sont dévorés par la curiosité.

Durant neuf jours et neuf nuits, Ulysse et ses hommes naviguent sur une mer calme. Au matin du dixième jour, ils aperçoivent enfin les côtes d'Ithaque, leur cher pays ! Ils sont si près qu'ils distinguent[1] jusqu'aux feux allumés par les habitants. Les voilà de retour ! Ils vont pouvoir serrer dans leurs bras leurs parents, leurs femmes et leurs enfants. Comme ce sera doux après des années d'absence !

Ulysse, qui n'a pas cessé de diriger les navires depuis leur départ d'Éolia, sent soudain le sommeil le gagner. Si près du but[2], il s'endort. Il n'entend pas ses hommes murmurer. Des murmures qui deviennent vite des discussions à voix haute, puis des critiques.

« Compagnons, s'exclame l'un d'eux, que nous cache Ulysse, hein ? Eh bien, je vais vous le dire : cette outre contient de l'or et de l'argent ! Éole s'est montré généreux avec lui. Notre roi a déjà de la chance puisqu'il revient de la guerre avec

1. **Distinguent** : voient.
2. **Si près du but** : si près de son objectif (la fin de son voyage).

sa part de butin[1]. Tandis que, nous, nous revenons les mains vides.

– Quelle injustice !

– Tu as raison. Ouvrons cette outre !

– Non, Ulysse nous a interdit d'y toucher.

– On n'y prendra rien, rassure-toi. On jette juste un petit coup d'œil. Qu'en pensez-vous les amis ?

– Que du bien, allons-y. »

Sitôt dit, sitôt fait. Les compagnons d'Ulysse ouvrent l'outre… et les vents s'en échappent. Ils sifflent, ils soufflent et se transforment en tempête furieuse.

Une rafale[2] plus forte que les autres entraîne les navires au large à la vitesse de l'éclair ! Tous pleurent : Ithaque, leur chère patrie, a disparu au loin.

« Malheureux, qu'avez-vous fait ? » gémit Ulysse, réveillé par les éléments déchaînés[3].

1. **Butin** : richesse prise à l'ennemi pendant une guerre.
2. **Rafale** : coup de vent.
3. **Éléments déchaînés** : éléments naturels en colère.

Ballottés[1] par des vagues gigantesques, poussés par des tourbillons de vents, Ulysse et ses compagnons s'éloignent toujours plus de leur beau royaume d'Ithaque. Le reverront-ils un jour ? Ici commence une autre histoire.

1. Ballottés : secoués dans tous les sens.

Mon dossier de lecture

LES LIEUX DE L'HISTOIRE

À l'époque antique, la Grèce est constituée de plusieurs cités, chacune gouvernée par un souverain. Ménélas, roi de Sparte, les réunit pour combattre les Troyens. À la fin de la guerre, Ulysse prend la mer avec quelques compagnons pour rentrer chez lui, à Ithaque.

Sur **l'île des cyclopes**, les monstres à un œil élèvent des chèvres et des brebis. Ulysse y fait étape sur sa route vers Ithaque.

Éolia est l'île sur laquelle habite Éole, le dieu des Vents. C'est là qu'Ulysse s'arrête pour se reposer, après ses aventures avec le cyclope.

La guerre de **Troie** dure dix ans et oppose les Troyens aux Grecs. Elle se termine grâce à Ulysse qui parvient à faire entrer un grand cheval de bois dans la ville. À l'intérieur du cheval se trouvent Ulysse et ses compagnons qui réussissent à ouvrir les portes de la ville aux autres soldats grecs.

Ithaque, petite île grecque de la mer ionienne, a pour roi Ulysse. C'est là que le héros veut retourner, après la guerre, pour retrouver son épouse Pénélope et son fils Télémaque.

LES PERSONNAGES DE L'HISTOIRE

ULYSSE

Roi d'Ithaque, une île grecque, Ulysse réussit à mettre fin au siège de Troie en introduisant un cheval de bois dans la cité. Dix années de combats l'ont éloigné de son épouse Pénélope, et de son fils Télémaque. Il reprend la mer, mais de **terribles dangers** l'attendent sur le chemin du retour. Accostant sur l'île des cyclopes avec ses compagnons, Ulysse, poussé par le **goût de l'aventure**, entre dans la grotte de Polyphème. Devenu prisonnier du monstre, le héros parvient à s'échapper grâce à son **esprit rusé** en se cachant sous un bélier. Mais, en s'attaquant au cyclope, il déclenche la colère du dieu Poséidon qui va retarder son retour.

POLYPHÈME

Comme tous les cyclopes, Polyphème est le **fils du dieu Poséidon**. Personnage **monstrueux**, il n'a qu'un œil, au milieu du front. Grand et sauvage, il se nourrit parfois de chair humaine. Il enferme Ulysse et ses compagnons dans sa grotte et fait la promesse de les manger tous en terminant par le roi d'Ithaque. Cependant, Polyphème est bien moins malin qu'Ulysse qui parvient à lui crever l'œil et à s'évader de sa grotte. Polyphème demande alors à son père Poséidon de le **venger**.

ÉOLE, LE MAÎTRE DES VENTS

Éole est le **dieu des Vents** : il les garde prisonniers dans une caverne et les libère sur ordre de Zeus. Il vit sur l'île d'Éolia dans un palais somptueux où il reçoit Ulysse et ses compagnons avec hospitalité et générosité. Lorsqu'Ulysse reprend son voyage, Éole lui offre des vivres et **la garantie d'un voyage de retour paisible**. Il a en effet enfermé dans une outre tous les vents qui l'éloigneraient de son île et n'a laissé libre que le vent qui poussera son bateau jusqu'à Ithaque.

LES COMPAGNONS D'ULYSSE

Ces **guerriers grecs courageux** ont participé à la guerre de Troie et rêvent de rentrer chez eux, à Ithaque. Ils suivent avec confiance leur chef, Ulysse mais, plus **prudents** que lui, ils ne souhaitent pas défier le cyclope. Retenus prisonniers par Polyphème, certains se font dévorer par le monstre. Les autres réussissent à s'échapper grâce à la ruse d'Ulysse. Leur **curiosité** et leur **jalousie** vont les perdre : en ouvrant l'outre d'Éole, ils libèrent les vents qui les éloigneront d'Ithaque.

ZEUS

Dieu du Ciel et de la Foudre, il est devenu **roi des dieux** en chassant du trône son père Cronos, le Titan. Ensuite, il a partagé le monde entre ses frères (Poséidon et Hadès) et lui. Marié à sa sœur, Héra, il est le père de nombreux dieux et déesses. Redoutable quand il est en colère, il punit ceux qui l'ont offensé. Lorsqu'il quitte l'île des cyclopes, Ulysse lui sacrifie le plus beau bélier pour obtenir son aide. Il espère ainsi que Zeus le protègera de la colère de Poséidon.

POSÉIDON

Frère de Zeus, le redoutable **dieu de la Mer** commande les eaux qu'il déchaîne selon son bon plaisir. **Père des cyclopes,** il décide de venger Polyphème lorsque celui-ci l'appelle à l'aide. Il va donc chercher par tous les moyens à éloigner Ulysse d'Ithaque. Il sèmera par la suite de nombreux obstacles tout le long du voyage du héros.

LES THÈMES DE L'HISTOIRE

ULYSSE, UN HÉROS

Le mot « héros », en grec, signifie « demi-dieu ». Pour être un demi-dieu, il faut être né d'un dieu et d'une mortelle ou d'une déesse et d'un homme. Aujourd'hui, on qualifie de héros les personnes qui accomplissent des **faits remarquables** et font preuve d'un courage extraordinaire.

Ni le père ni la mère d'Ulysse ne sont des dieux, mais Ulysse, le roi « aux mille ruses », montre bien des qualités et sort **triomphant** de **nombreuses épreuves**. Grâce à lui, la paix revient lorsque la guerre de Troie prend fin après dix années de combats. Puis Ulysse surmonte les multiples obstacles qu'il rencontre au cours de son voyage pour revenir à Ithaque. Sur l'île des cyclopes, c'est lui qui parvient à tromper Polyphème et à sauver ses compagnons. Ainsi, il l'enivre, lui crève l'œil et se fait appeler « Personne » afin que Polyphème ne trouve pas d'aide auprès de ses frères cyclopes. C'est encore lui qui a l'idée géniale de se cacher avec ses compagnons sous les béliers pour échapper au géant.

Par son **courage**, son **intelligence** et sa **générosité**, le roi d'Ithaque est un **modèle** de héros prêt à risquer sa vie pour ses compagnons. Néanmoins, Ulysse a tout de même des défauts, comme la curiosité et la fierté qui nous rappellent qu'il n'est qu'un homme !

? Sauras-tu retrouver dans l'histoire les passages où Ulysse se montre trop sûr de lui ?

LE VOYAGE MOUVEMENTÉ D'ULYSSE

La guerre de Troie finie, Ulysse pense qu'il va rentrer chez lui rapidement. Mais son chemin de retour sera **bien plus long que prévu.** Parce qu'il crève l'œil de Polyphème et lui échappe tout en se moquant du géant, Ulysse s'attire la colère de Poséidon, père des cyclopes. En révélant finalement son vrai nom, il permet au dieu de la Mer de venger son fils qui lui demande de retarder le retour d'Ulysse à Ithaque. Les épreuves que le héros et ses compagnons devront surmonter seront nombreuses : il leur faudra terrasser de terribles monstres, mais aussi éviter de redoutables pièges, comme lorsqu'ils traverseront le territoire des Sirènes (voir p. 66-67).

Si ce voyage est **enrichissant** pour Ulysse car il lui apprend beaucoup sur le monde et sur lui-même, il se révèle aussi **très dangereux** : Ulysse frôle la mort à de nombreuses reprises. Il échappe ainsi de justesse au cyclope qui avait juré de le manger après tous ses compagnons ! Il mettra encore dix ans à retrouver son île, Ithaque, son épouse Pénélope et son fils Télémaque.

En grec ancien, Ulysse se dit « Odysseus ». *L'Odyssée* est le titre qu'Homère aurait choisi pour raconter les aventures du roi d'Ithaque sur le chemin qui le ramène à son île.

Aujourd'hui, on emploie toujours le mot « odyssée » ; mais sais-tu ce qu'il signifie ? Tu peux t'aider d'un dictionnaire ou d'Internet pour trouver la réponse.

ULYSSE, UN MYTHE ?

Les aventures d'Ulysse avec le cyclope nous ont été racontées, il y a très longtemps, par le poète Homère. Ce récit fait partie de la mythologie grecque, un ensemble de légendes auquel les hommes de la Grèce antique croyaient et qui raconte la vie de nombreux dieux et déesses comme Zeus, Poséidon, Éole, Athéna... mais aussi les aventures extraordinaires des héros (Ulysse, Héraclès, Achille...). Ulysse n'a sans doute **jamais existé** mais il représente un **modèle d'intelligence et de courage** depuis plus de trente siècles !

L'histoire de ce héros constitue ce qu'on appelle un mythe. Un mythe est une **histoire en partie inventée** que les hommes aiment se raconter pour trouver des réponses à leurs **questionnements**. Les mythes permettent d'expliquer **l'origine du monde** et d'avoir des **règles** pour bien se comporter dans la vie. Le mythe d'Ulysse nous apprend que le courage et la ruse permettent de se sortir des situations difficiles, mais aussi que la curiosité et une trop grande confiance en soi peuvent nous attirer bien des ennuis !

? Lesquels de ces héros appartiennent à la mythologie grecque ?

Zorro | Astérix | Ulysse

Persée | Tintin | Hercule

LE BILAN DE MA LECTURE

1. Tu as terminé la lecture d'*Ulysse et le cyclope* de Viviane Koenig ; as-tu aimé lire ce livre ?

2. Comment décrirais-tu le texte ?

   DRÔLE • *TRISTE* • Avec du suspense

   Avec des rebondissements

   Historique • Avec des événements imaginaires

3. Selon toi, ce livre appartient à la famille des :

   Romans • **Nouvelles** • CONTES

   Fables • Recueils de poèmes

   Pièces de théâtre

4. Ce texte t'a-t-il paru **long** ou plutôt **court** à lire ?

5. As-tu trouvé que ce texte était **difficile** ou **facile** à lire ?

6. As-tu rencontré des mots que tu ne connaissais pas ? Lesquels as-tu retenus ?

7. Qu'as-tu **appris** ou **découvert** en lisant *Ulysse et le cyclope* ? Choisis deux exemples.

8. Quel passage as-tu **préféré** ou **le moins aimé** ? Explique pourquoi.

9. Est-ce que tu recommanderais ce livre à des ami(e)s ? Donne deux raisons pour justifier ton choix.

Le coin des curieux

LES AUTEURS

- **Nom :** HOMÈRE
- **Époque :** VIIIe siècle avant J.-C.
- **Métier :** poète.
- **Œuvres majeures attribuées :**

L'Iliade, poème qui raconte la guerre de Troie et *L'Odyssée*, qui relate le retour d'Ulysse vers Ithaque.

- **Nom :** KOENIG
- **Prénom :** Viviane
- **Date de naissance :** 1950
- **Études et métier :** enseignante, historienne et romancière, elle a participé à des chantiers de fouilles en Égypte.
- **Œuvres :** *Cléopâtre, reine d'Égypte, La mythologie en BD*... Pour écrire *Ulysse et le cyclope*, elle s'est inspirée du récit d'Homère.

Les dieux de la GRÈCE ANTIQUE

Durant l'Antiquité, la **culture grecque** se développe et a une **grande influence** sur les autres civilisations qui vivent autour de la mer Méditerranée. Elle invente un ensemble de mythes pour expliquer le monde : la **mythologie grecque** est née.

Ainsi, les Grecs anciens croient en **de nombreux dieux** qui ressemblent aux hommes par leur apparence et leur caractère et qui composent une grande famille. Dieu du Ciel, Zeus règne sur le monde avec ses frères Poséidon, dieu de la Mer, et Hadès, dieu des Enfers. Il épouse sa sœur Héra, dont il a deux fils : Héphaïstos et Arès. Mais il tombe aussi facilement sous le charme d'autres déesses et de femmes humaines. Les enfants qu'il a avec des mortelles sont des demi-dieux (Héraclès et Persée, par exemple). Depuis le mont Olympe, les dieux décident du **destin des hommes**. Leur vie, tumultueuse, a nourri **l'imaginaire et la littérature de l'Europe**.

LES HÉROS GRECS DANS LA LITTÉRATURE

ULYSSE ET LE CHANT DES SIRÈNES

Dans *L'Odyssée* (VIIIe siècle av. J.-C.), Homère fait le récit des aventures d'Ulysse lors de son voyage pour retrouver sa patrie et sa famille après la guerre de Troie. Le roi d'Ithaque, en crevant l'œil de Polyphème, déclenche la colère de Poséidon. Pour se venger, le dieu de la Mer impose au héros de nombreuses épreuves. Ulysse rencontre un jour les sirènes, dont les chants merveilleux poussent les marins à se jeter dans la mer et à se noyer.

« Le navire d'Ulysse repartit et arriva bientôt en vue d'une île entourée de récifs. Elle était peuplée de sirènes, qui chantaient d'ensorcelantes mélodies [1] aux navires de passage. Les marins étaient attirés vers l'île, mais leur navire se brisait contre les rochers et ils se noyaient. Circé [2] avait mis Ulysse en garde contre les sirènes. Mais il voulait écouter leur chant.

« Attachez-moi au mât, dit-il, puis bouchez-vous les oreilles avec de la cire d'abeille. Ne la retirez pas avant que nous soyons bien loin de l'île. »

1. **Ensorcelantes mélodies** : chants magiques auxquels on ne peut résister.
2. **Circé** : magicienne qu'Ulysse a rencontrée pendant son voyage.

Ses hommes lui obéirent. Puis ils se mirent à ramer sans crainte. Les sirènes eurent beau chanter[1] de leur voix la plus ensorcelante, aucun d'eux ne les entendit. Furieuses de voir que le navire poursuivait son chemin, les perfides[2] sirènes haussèrent la voix. Seul Ulysse avait succombé à leur charme[3], et il se débattait[4] dans l'espoir de se détacher.

« Libérez-moi ! Elles m'appellent ! Je dois les rejoindre ! » hurlait-il à tue-tête[5]. Mais ses hommes ne pouvaient l'entendre. Ils continuèrent de ramer jusqu'à ce que le navire se trouve à bonne distance de l'île. C'est alors qu'ils détachèrent Ulysse et ôtèrent la cire de leurs oreilles.

Mythes grecs pour les petits, adapt. d'H. Amery d'après la trad. de R. Jacob, Usborne, 2012.

PROMÉTHÉE ET LE FEU

Le poète grec Hésiode (VIIIe siècle av. J.-C.) raconte comment Prométhée a créé les hommes en façonnant des statues d'argile et en soufflant dessus pour leur donner la vie. Prométhée s'inquiète que les hommes n'aient pas le feu comme les dieux qui vivent sur le mont Olympe. Il décide donc de le voler au terrible Zeus.

1. **Eurent beau chanter** : chantèrent inutilement.
2. **Perfides** : rusées (au sens mauvais), fourbes.
3. **Avait succombé à leur charme** : était ensorcelé.
4. **Se débattait** : luttait, remuait.
5. **À tue-tête** : avec une voix puissante.

« Les hommes étaient heureux sur Terre, cependant, Zeus leur refusait le feu. Prométhée, qui aimait ses créatures, s'attristait de les voir frissonner la nuit.

Il se rendit alors sur l'Olympe et, à la dérobée [1], il vola un morceau de charbon de bois [2] brûlant dans le palais de Zeus. Il en fit don [3] aux hommes et leur montra comment en tirer du feu. De ce jour, les hommes purent manger de la viande cuite et se réchauffer la nuit à la lumière d'un bon feu. Leur gratitude [4] envers Prométhée serait éternelle.

Mais lorsque Zeus sentit le fumet [5] de la viande qui rôtissait et lorsqu'il vit le feu rougeoyer dans la nuit, il devina ce qu'avait fait Prométhée. Il se mit dans une rage terrible. « Prométhée, tu as osé me désobéir ? tonna-t-il [6]. Tu seras puni. »

Zeus enchaîna Prométhée sur le flanc [7] d'une énorme montagne. Chaque jour, un aigle descendait des hauteurs pour lui ronger le foie [8], et chaque soir, le foie se reconstituait [9]. Prométhée souffrait terriblement mais il ne pouvait pas mourir car il était un dieu. Il lui faudrait rester là pendant des siècles jusqu'à ce que Zeus lui pardonne enfin son crime. »

Mythes grecs pour les petits, adapt. d'H. Amery
d'après la trad. de R. Jacob, Usborne, 2012.

1. **À la dérobée** : en cachette.
2. **Charbon de bois** : morceau de bois brûlé qui prend facilement feu.
3. **Don** : cadeau.
4. **Gratitude** : grande reconnaissance.
5. **Fumet** : bonne odeur.
6. **Tonna-t-il** : gronda-t-il.
7. **Flanc** : côté.
8. **Foie** : organe qui se situe dans le ventre.
9. **Reconstituait** : redevenait entier.

PERSÉE ET MÉDUSE

Le mythe de Persée et de Méduse est l'un des plus célèbres de la mythologie grecque. Persée est un héros qui apparaît dans l'œuvre du poète Homère, mais c'est Hésiode, un autre poète grec du VIIIe siècle av. J.-C., qui nous raconte comment il triompha de Méduse et du roi Polydectès.

« Après avoir mis au monde Persée, le fils qu'elle a eu de Zeus, la princesse Danaé est accueillie dans l'île de Sériphos. Persée est devenu un beau jeune homme quand le roi de l'île, Polydectès, décide de forcer Danaé à l'épouser.

Pour se débarrasser de ce fils gênant, il lui donne pour mission d'aller tuer Méduse. Il s'agit d'une femme monstrueuse dont le regard transforme en pierre tous ceux qui le croisent. Polydectès espère que Persée n'y survivra pas. Le fils de Zeus est heureusement aidé par les dieux, qui lui fournissent les armes dont il a besoin. Après de multiples aventures, il parvient jusqu'au repère de Méduse. Athéna [1] lui confie un bouclier poli [2] comme un miroir, grâce auquel il peut surveiller le reflet de la créature sans être pétrifié [3]. Il est ainsi le premier à découvrir l'apparence terrifiante de Méduse, dont la chevelure grouille de serpents [4]… Persée réussit à la combattre et à la décapiter [5].

---

1. **Athéna** : fille de Zeus, déesse de la Guerre et de la Sagesse.
2. **Poli** : lisse et brillant.
3. **Pétrifié** : ici, changé en statue de pierre.
4. **Grouille de serpents** : est pleine de serpents qui remuent dans tous les sens.
5. **Décapiter** : couper la tête.

[…] Notre héros décide de se venger : alors que le roi est en réunion avec des amis, il se présente à eux et leur montre la tête de Méduse. Aussitôt, tous se transforment en statues de pierre. Puis Persée met sur le trône le frère de Polydectès, un homme plus digne de confiance. Enfin, après avoir rendu leurs armes aux dieux, il offre la tête de Méduse à Athéna qui la garde au centre de son bouclier. »

Isabelle Korda, *Mythes grecs pour réfléchir*,
Oskar éditeur, « Des mots pour réfléchir », 2010.

HÉRACLÈS ET LES ÉCURIES D'AUGIAS

Héraclès n'est pas n'importe quel héros : grâce à ses exploits, il a obtenu des dieux l'immortalité. De nombreux poètes grecs ont raconté les douze travaux qu'il a accomplis. Dans cet extrait, le roi de Mycènes, Eurysthée, lui demande de réaliser une tâche qu'il pense impossible et humiliante : nettoyer les écuries des chevaux du roi Augias…

« Il dit à Hercule[1] : « Les écuries d'Augias, roi d'Élis[2], sont une abomination[3] ; elles n'ont jamais été nettoyées et la pestilence[4] se répand jusqu'aux portes de Mycènes. Va à Élis et nettoie-les, et cela entre le lever et le coucher du soleil. »

1. **Hercule** : nom d'Héraclès dans la mythologie romaine.
2. **Élis** : ville grecque.
3. **Abomination** : horreur.
4. **Pestilence** : puanteur.

Le roi Augias avait trois mille têtes de bétail dans un enclos devant son palais. Le bétail y vivait depuis plusieurs années et les écuries n'avaient jamais été nettoyées. Cependant Hercule réussit à accomplir cette tâche, d'une façon qui ajouta beaucoup à sa renommée [1]. Il fit deux ouvertures dans le mur de l'enclos, puis détourna les cours [2] de deux rivières voisines de telle façon qu'elles coulent dans les écuries et entraînent la saleté.

Mythes et légendes, adaptation d'A. T. White
avec la collaboration d'A. Gabillon, Les deux coqs d'or, 1960.

1. **Qui ajouta beaucoup à sa renommée** : qui le rendit plus célèbre encore.
2. **Détourna les cours** : changea le sens du courant.

ULYSSE À TRAVERS LES ARTS

Ulysse et les sirènes,
vase grec, ve siècle av. J.-C.

Ulysse sous le bélier,
sculpture romaine, 100 ap. J.-C.

Apollonio di Giovanni, *Les Aventures d'Ulysse*, peinture, v. 1460-1470.

Affiche du film muet d'André Calmettes et Charles Le Bargy, 1909.

Affiche de la série télévisée d'animation *Ulysse 31*, créée par Bernard Deyriès, Jean Chalopin et Nina Wolmark, 1981-1982.

CONSEILS DE LECTURE

DES LIVRES

Hélène Montarde, *Prométhée, le voleur de feu*, Nathan, 2012.

Autrefois, le feu n'existait que sur le mont Olympe. Mais un jour, Prométhée décida de désobéir à Zeus et de voler le feu aux dieux pour le donner aux hommes... Un roman pour comprendre l'origine du monde selon les Grecs de l'Antiquité !

Homère, *Ulysse et l'Odyssée*, adapt. de M. Laffon, Livre de poche jeunesse, 2014.

Courageux guerrier et homme avisé, Ulysse veut retourner chez lui après la guerre de Troie. Mais il semblerait que son destin soit tout autre... Découvre toutes les péripéties d'Ulysse avant son retour à Ithaque !

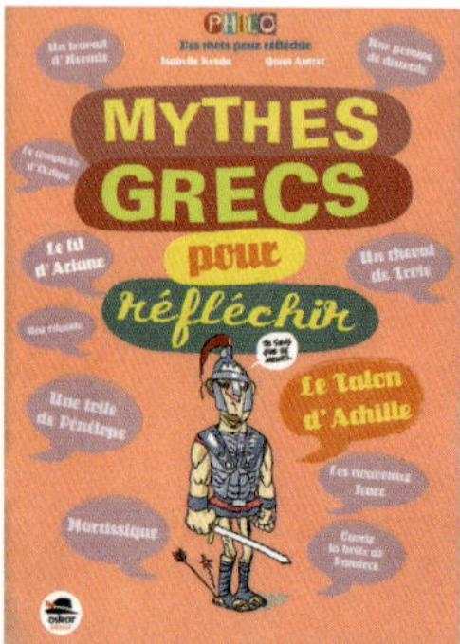

Isabelle Korda, *Mythes grecs pour réfléchir*, Oskar éditeur, 2014.

Plonge dans les mythes grecs les plus célèbres et apprends d'où viennent des expressions comme « un talon d'Achille » ou « un travail d'Hercule ». Des activités te proposent aussi de comprendre le sens de ces mythes pour nous aujourd'hui.

Viviane Koenig, *Dieux de la mythologie grecque*, Éditions Fleurus, 2015.

Au sommet de l'Olympe, la vie des divinités est mouvementée ! Viviane Koenig t'emmène à la découverte de douze dieux et déesses grecs, présentés avec leur fiche d'identité et le récit d'une de leurs célèbres aventures.

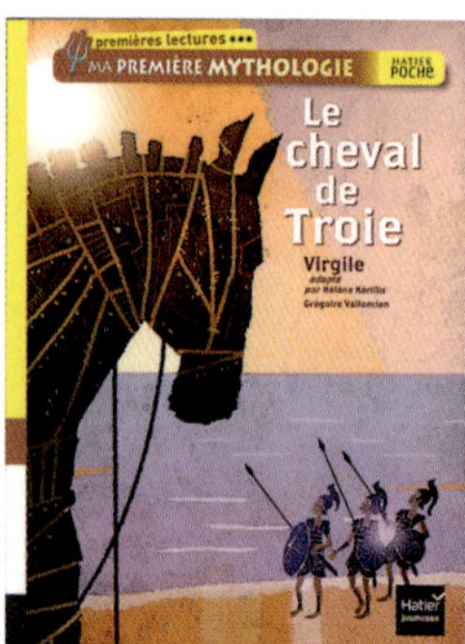

Virgile, *Le Cheval de Troie*, adapt. d'Hélène Kérillis, Hatier Jeunesse, 2013.

Le récit passionnant de la guerre de Troie qui a opposé les Grecs aux Troyens. Pour celles et ceux qui veulent en savoir plus sur Ulysse et sur la façon dont ce rusé stratège est parvenu à mettre fin à dix longues années de combat.

DES SITES INTERNET

expositions.bnf.fr/homere

Un voyage au cœur de l'univers d'Homère pour suivre le périple d'Ulysse à travers la mer Méditerranée et les exploits des autres héros du plus grand poète grec de l'Antiquité.

classes.bnf.fr/heros

Un panorama richement documenté de nos plus grands héros, réels ou imaginaires, des plus anciens (Achille, Ulysse…) aux plus modernes (Superman, James Bond…).

Dans la même collection

Héros/Héroïnes et personnages

Texte de Viviane Koenig
Illustrations d'Annette Marnat

- Dossier pédagogique réalisé par Sophie Snegaroff, professeure des écoles.
- Genre littéraire : roman mythologique

La morale en questions

Texte d'Alphonse Daudet
Illustrations de Delphine Renon

- Dossier pédagogique réalisé par Annie Chourau, professeure des écoles et maître-formatrice.
- Genre littéraire : récit

30 fables de Jean de La Fontaine accompagnées de nombreuses illustrations

- Dossier pédagogique réalisé par Caroline Esquerré, professeure des écoles.
- Genre littéraire : fables

Se confronter au merveilleux, à l'étrange

Texte de Charles Perrault
Illustrations de Clémence Pollet

- Dossier pédagogique réalisé par Isabelle Antonini, maître-formatrice et directrice d'école d'application.
- Genre littéraire : conte merveilleux

Texte de Mme Leprince de Beaumont
Illustrations de Marie Caillou

- Dossier pédagogique réalisé par Isabelle Fiorotto, professeure des écoles.
- Genre littéraire : conte merveilleux

Vivre des aventures

Texte de Jack London
Traduction de Mme de Galard
Illustrations d'Alexandra Huard

- Dossier pédagogique réalisé par Malena Adrada Rajzner, professeure des écoles.
- Genre littéraire : roman d'aventures

Texte de James Matthew Barrie
Traduction de Maxime Rovere
Illustrations d'Erwann Surcouf

- Dossier pédagogique réalisé par Isabelle Antonini, maître-formatrice et directrice d'école d'application.
- Genre littéraire : roman d'aventures

Imaginer, dire et célébrer le monde

Anthologie de 30 poèmes accompagnés de nombreuses illustrations

- Dossier pédagogique réalisé par Isabelle Antonini, maître-formatrice et directrice d'école d'application, avec la collaboration de Pascal Huvet, professeur des écoles.
- Genre littéraire : poésie

IMPRIM'VERT®

Imprimé en France par SEPEC à Péronnas
N° d'imprimeur : 17932170951 - Dépôt légal : février 2015
N° d'édition : 70119754-06/Oct2017